Philippe Moteau
Photographies de
Philippe Garguil

Les oiseaux de mer

Colonie de fous de Bassan, guillemot à miroir, guillemots de Troïl, sternes arctiques

Goéland argenté, fou de Bassan, tadorne de Belon, macareux moine

EDITIONS JEAN-PAUL GISSEROT
www.editions-gisserot.com

2

Avec leurs quelques 5 500 kilomètres, les côtes de France offrent des sites variés à de nombreuses espèces « d'oiseaux de mer et de rivage ». Cette appellation, qui n'a rien de scientifique, regroupe en fait des oiseaux très différents dont le seul point commun est leur prédilection pour le milieu marin.

Les côtes basses, sablonneuses ou vaseuses, servent de reposoir, de lieu de nourrissage et de nidification à de nombreux Limicoles (ou petits échassiers). Lors des migrations, Limicoles et Anatidés (oies et canards) fréquentent ces biotopes par centaines de milliers. Ce ne sont pas à proprement parler des « oiseaux de mer », mais plutôt des « oiseaux d'eau », que l'on peut aussi observer sur les zones humides (marécages, lacs, étangs, cours d'eau...) de l'intérieur du pays. Nous développerons parmi ces espèces, celles qui préfèrent le bord de mer comme le Tadorne de Belon, la Macreuse noire ou l'Huîtier-pie.
Les oiseaux de mer « véritables » affectionnent les côtes rocheuses avec leurs hautes falaises, leurs îles et leurs îlots tranquilles. Les parois qu'ils habitent sont comme d'immenses H.L.M. bruyantes, où chaque espèce forme une colonie qui peut compter plusieurs milliers de couples. Parfois des espèces très grégaires colonisent totalement une falaise (Fous de Bassan, Mouettes tridactyles...), ne laissant la place, ça et là, qu'à des couples isolés d'autres espèces.

Parmi ces oiseaux, certains sont pélagiques, ils passent la majeure partie de l'année à errer sur les mers et les océans et ne reviennent à terre que pour se reproduire (Pétrel fulmar, Mouette tridactyle...). D'autres, tout à fait marins aussi, se déplacent en hiver au large des côtes, qu'ils perdent rarement de vue (Fou de bassan, Cormoran huppé, Pingouin torda, Guillemet de Troïl, Macareux, quelques sternes...). Enfin, quelques-uns sont franchement côtiers comme les goélands. Pour montrer la diversité des oiseaux côtiers, deux passereaux et un rapace seront également décrits.

La France a la chance de posséder une grande variété de paysages côtiers : des falaises bretonnes aux calanques du midi en passant par les marais de l'Ouest. Essayons de mieux connaître les oiseaux qui y vivent afin de mieux les respecter.

BIBLIOGRAPHIE :

LIVRES D'IDENTIFICATION
- *Guide de oiseaux d'Europe*, R. PETERSON, G. MOUNTFORT, P. HOLLOM, P. GEROUDET, Editions Delachaux-Niestlé.
- *Oiseaux d'Europe, d'Afrique du Nord et du Moyen-Orient*, H. HEINZEL, R. FITTER, J. PARSLOW, Editions Delachaux-Niestlé.
- *The Shell Guide* (livre en anglais), FERGUSSON, LEES, WILLIS, SHARROCK.
- *Les Oiseaux*, P. HAYMAN, Guide loisir, Edition Nathan.
- *Shorebirds*, (guide anglais d'identification des limicoles du monde), P. HAYMAN, J. MARCHANT, T. PRATER.
- *Wildfowl* (guide anglais d'identification des canards, cygnes et oies du monde), SMADGE, H. BURN

POUR PLUS DE DETAILS
- *Les Palmipèdes*, P. GEROUDET, Editions Delachaux-Niestlé.
- *Les Limicoles* (2 vol.), P. GEROUDET, Editions Delachaux-Niestlé.
- *Les Oiseaux d'Europe*, Ch. PERRIN, M. CUISIN, Editions Delachaux-Niestlé.
- *Les Oiseaux de mer d'Europe*, G. D. I. F.
- *Guide des oiseaux*. Sélection du Reader's Digest.
- *Les Oiseaux du Sud-Ouest*, P. GARGUIL, C. GOYAUD, Editions Sud-Ouest.
- *Les Oiseaux de France* (2 vol.), P. GARGUIL, Editions Ouest-France.
- *Guide des réserves naturelles de France*, A. REILLE, C. BONIN-LUQUOT, Editions Delachaux-Niestlé.
- *Guides naturalistes des côtes de France*, 9 volumes de la Manche à la Corse, Editions Delachaux-Niestlé.

Pétrel fulmar

Le Pétrel fulmar

(*Fulmarus glacialis*)
Longueur : 46 cm - Envergure : 102 à 110 cm - Poids : 750 g

Cet oiseau de l'Atlantique Nord ressemble au Goéland cendré dont il a le plumage (gris cendré dessus et presque blanc dessous), mais ses ailes sont étroites, sa tête et son cou plus épais. Le vol du Pétrel fulmar est typique : ailes rigides avec des battements rapides. Il évolue avec facilités au ras des vagues et au bord des falaises ou se trouve la colonie. On le reconnaît également à son curieux bec crochu, paraissant cassé : il s'agit en fait de narines tubulaires situées à la partie supérieure du bec.

Ne vous avisez pas de déranger le Pétrel fulmar : en cas de danger, il crache un jet d'huile visqueux et nauséabond à plus d'un mètre.

Au début du siècle, ce bel oiseau marin nichait seulement dans le nord de l'Ecosse. Il se reproduit maintenant jusqu'en Bretagne (Sept-Iles, Cap Sizun). L'hiver, il se répand dans l'Atlantique Nord, la Manche et parfois aussi le long des côtes Atlantiques Françaises.

Nourriture : poissons, crustacés, mollusques, planctons, déchets flottant sur la mer.

Nidification : Le couple s'établit sur une étroite corniche rocheuse à flanc de falaise.

La ponte, en mai, comprend en général un seul œuf couvé pendant sept semaines.

Le poussin en duvet, abondamment nourri par ses parents, peut peser jusqu'à un kilo.

Il s'envole à l'âge d'un mois et demi.

Pétrel fulmar au nid avec son poussin et en vol

Puffin cendré en vol

Colonie de fous de Bassan et fou de Bassan en vol

Le Puffin cendré

(*Calonectris diomedea*)
Longueur : 50 cm - Envergure : 1 mètre - Poids : 550 g

Le Puffin cendré est un oiseau difficile à observer. En effet, comme les autres Puffins, il ne vient à terre que pour se reproduire. Le reste de l'année, il vagabonde dans l'océan Atlantique, loin des rivages, suivant parfois les chalutiers, toujours en quête de nourriture. Par chance, on pourra l'apercevoir volant au raz de l'eau près des côtes.

En mars, lorsqu'il revient à terre, le Puffin cendré s'établit sur des îlots isolés de la Côte d'Azur et de la Corse. De plus, il niche dans un trou de rocher et a des mœurs nocturnes, c'est-à-dire la complexité d'évaluer sa population méditerranéenne (environ 950 couples).

Nourriture : poissons, déchets de poissons.

Nidification : le nid très sommaire, est fait d'algues et de petits cailloux.

Il est situé dans une cavité de falaise ou sous un bloc pierreux. Un seul œuf est pondu fin mai.

L'éclosion a lieu pendant la première quinzaine de juillet.

Le jeune Puffin reste seul au nid pendant la journée, il est nourri le soir par les adultes jusqu'à son envol et le départ de la colonie, en général en octobre.

Le Fou de Bassan

(*Sula-Bassana*)
Longueur : 90 cm - Envergure 165 à 180 cm - Poids : 3500 g

Tout est spectaculaire chez le Fou de Bassan ; la technique de pêche : plongeant en pique de 20 à 30 mètres, il capture son poisson jusqu'à 7 mètres sous l'eau ; ses colonies, situées sur des falaises et des îlots rocheux, regroupent chaque année des milliers d'individus ; sa silhouette et son plumage enfin, avec ses

Fou de Bassan au nid

grandes ailes blanches et noires, le cou et la tête jaune crème terminés par un long bec puissant. Il est le plus grand oiseau de mer de nos régions.

Le Fou de Bassan niche sur toutes les côtes de l'Atlantique Nord (Terre Neuve, Islande, Irlande, Grande-Bretagne). En France, il se reproduit en Bretagne, aux Sept-Iles.

Mais nous pouvons aussi l'observer en dehors de la période de reproduction, surtout en Automne et au Printemps ; il longe alors les côtes de l'Atlantique et de la Méditerranée, volant en file indienne quelques mètres seulement au-dessus de l'eau.

Les jeunes, entièrement brun foncé, accompagnent souvent les adultes.

Nourriture : poissons vivants (maquereaux, sardines, harengs...).

Nidification : Dans les grandes colonies, les nids sont côte à côte.

Faits d'algues, ils sont placés sur une corniche rocheuse, au bord d'une falaise sur un îlot.

un seul œuf est pondu en avril ou en mai, il est couvé six semaines et à l'âge de 12 à 13 semaines les jeunes quittent la colonie.

Le Grand cormoran

(*Phalacrocorax carbo*)

Longueur : 80 cm - Envergure : 135 cm - Poids : 1,7 à 2,8 kg.

La plus belle image que j'ai conservée du Grand cormoran est celle d'un rassemblement hivernal : une centaine d'oiseaux immobiles, perchés à des hauteurs différentes sur d'immenses peupliers, contemplant la Loire dans le brouillard matinal. Le Grand cormoran est un oiseau sombre se distinguant du Cormoran huppé par sa taille supérieure et, en période de reproduction, par des tâches blanches sur la tête, le cou et à la base de la cuisse. Il pêche en plongeant à 5 ou 6 mètres de profondeur pour capturer le poisson qu'il avale tête la première, de retour à la surface.

On observe souvent le Grand cormoran sur nos côtes dans son attitude caractéristique, perché au sommet d'un pic ou d'un rocher, ailes écartées, occupé à se sécher. En effet il ne possède pas les glandes à sécrétion huileuse de la plupart des oiseaux aquatiques permettant d'imperméabiliser le plumage. Aussi, après une partie de pêche, est-il obligé de faire sécher soigneusement toutes ses plumes.

Visiteur d'hiver fréquent sur les rivages et les étendues d'eau douce en France, c'est un nicheur localisé à la Normandie et à la Bretagne. Il existe un site en Loire Atlantique ainsi qu'en Corse.

Nourriture : essentiellement des poissons, quelques crustacés

Nidification : Le nid, placé sur un îlot ou au sommet d'un arbre comme chez le héron cendré, est constitué de branchages, d'algues, et est garni de plumes. La ponte de 3 à 4 œufs à lieu de fin avril à juin. Les jeunes plongent la tête dans le gosier de l'adulte pour l'obliger à régurgiter sa nourriture. Ils volent à l'âge de 2 mois.

Grands cormorans

Grand cormoran à la pêche

Le Cormoran Huppé

(Phalacrocorax aristotelis)
Longueur : 66 cm - Envergure : 100 cm - Poids : 1700g

Sur l'îlot rocheux d'une réserve ornithologique écossaise, j'ai pu observer à loisir la femelle du Cormoran Huppé sur son nid ; peu craintive, elle protégeait ses deux jeunes, les ailes à demi repliées.

De près, on peut admirer les reflets verts du plumage. La huppe n'est pas un critère d'identification car elle n'existe qu'au printemps. Pour le différencier de son grand cousin, il faut évaluer sa taille, nettement plus petite, et noter l'absence de blanc sur le plumage de l'adulte.

Le Cormoran Huppé est un redoutable pêcheur capable de plonger à plus de vingt mètres de profondeur. Sédentairement et exclusivement marin, son aire géographique est très vaste : Islande, Scandinavie, Iles Britanniques, Bretagne, Espagne, Portugal. Une sous-espèce habite en Méditerranée, il y aurait environ 900 couples en Corse.

Nourriture : poissons vivants.

Nidification : le nid est bien structuré, fait de petites branches, d'herbes, d'algues, il est installé sur une corniche de falaise, dans un éboulis de rocher ou dans une crevasse.

La ponte de deux œufs à lieu en avril, la couvaison dure cinq semaines.

Les jeunes s'envolent à l'âge de deux mois.

Cormoran huppé sur un rocher, puis avec son petit

Le Flamant rose

(Phoenicopterus ruber)
Longueur : 135 cm - Envergure : 150 cm - Poids : 3000 g

Est-il nécessaire de décrire le Flamant rose ? Cet oiseau est aussi unique par son mode de vie.

Pour mener à bien son cycle biologique, il lui faut des eaux saumâtres peu profondes, un climat chaud et ensoleillé et une tranquillité absolue.

Son gros bec courbé, renferme des lamelles lui permettant de filtrer l'eau salée boueuse, ne gardant que les matières organiques microscopiques. Grâce à ses pattes et son cou immenses, il peut ainsi se nourrir dans une profondeur allant jusqu'à un mètre.

Vol de flamands roses

Flamands roses

Cette spécialisation quant à l'utilisation d'un biotope, entraîne une répartition en Europe uniquement méditerranéenne. Il niche en Camargue, en Andalousie et au Maroc. S'il nous semble abondant, restons cependant vigilants car cet oiseau est très fragile et dépend entièrement de ces milieux salins qui disparaissent petit à petit pour des raisons industrielles ou touristiques.

Nourriture : matières organiques tirées de la boue : algues, diatomées, bactéries et en moindre quantité des larves, des mollusques, des petits insectes.

Nidification : la colonie s'établit dans une saline tranquille. Le nid, de forme cylindrique, est fait de boue durcie, il fait 30 à 50 cm de haut, 80 cm de large à la base. Le sommet forme une cuvette ou sera déposé l'œuf unique fin avril. Le mâle et la femelle se relayent pour couver pendant 4 semaines. Les jeunes en duvet gris sont regroupés en crèches. À trois semaines, ils se nourrissent en fouillant la vase comme les adultes mais ne pourront voler qu'à l'âge de 2 mois et demi.

Bernache cravant

La Bernache cravant

(*Branta bernicla*)
Longueur : 55 cm - Envergure : 110 cm - Poids 1500 g

Le régime alimentaire de la Bernache cravant a failli lui être fatal. En effet, dans les années trente, une épizootie décime les herbiers de zostères de l'hémisphère Nord Atlantique (qui constituent leur nourriture préférée en hiver). Pendant plus de 25 ans, la population totale va osciller entre 15000 et 20000 individus, malgré une lente recolonisation des vasières par les herbiers de zostères.

Heureusement, à partir de 1972 ses effectifs commencent à croître significativement. Cette espèce au bord de l'extinction est aujourd'hui tirée d'affaire.

Cette petite oie se reproduit en Sibérie et au Groenland. Elle hiverne en Europe de l'Ouest. En France, elle affectionne les varières et les estuaires. Son site principal est le Golfe du Morbihan, mais on peut aussi la voir sur le reste de la façade Atlantique.

Les Bernaches cravants se nourrissent le jour en eau peu profonde, « broutant » les herbes marines. La nuit elles se regroupent en mer.

Nourriture : herbe marine (zostère), mollusques et crustacés.

Nidification : elle niche au sol de la toundra. Le nid fait de mousse et de duvet, reçoit 3 à 5 œufs, couvés 1 mois jusqu'en juillet. Les jeunes, nidifuges, sont indépendants à l'âge de deux mois.

Couple de canards siffleurs

Canards siffleurs au pâturage

Le Canard siffleur

(*Anas penelope*)
Longueur : 45 cm - Envergure : 80 cm - Poids : 500 à 1000 g

Comme tous les canards, les siffleurs mâles et femelles ont des plumages très différents : autant le mâle est coloré, autant la femelle est terne et discrète. Le « miroir » de l'espèce est vert et noir, il permet l'identification précise de la femelle.

Ce canard préfère nettement les côtes maritimes aux lacs de l'intérieur. L'hiver, ils se rassemblent dans les estuaires, les baies, les côtes basses ou ils trouvent les herbes marines nécessaires à leur alimentation.

En octobre et novembre, le canard siffleur parvient sur nos côtes. Jusqu'en mars, il fera entendre ses sifflements musicaux. L'été, il niche en Sibérie, en Scandinavie et en Islande.

En France, il hiverne sur les côtes basses de la totalité du littoral.

Nourriture : herbes marines, graines, parfois des mollusques et des insectes.

Nidification : dans la toundra ou dans une tourbière, le nid est dissimulé dans la végétation. 6 à 10 œufs sont pondus en mai et couvés 25 jours par la femelle. Les poussins sont nidifuges. Les jeunes volent à 6 semaines.

Le Tadorne de Belon

(*Tadorna tadorna*)
Longueur : 50 à 70 cm - Envergure : 100 à 110 cm - Poids : 500 à 1500 g

Un oiseau nichant dans un terrier de lapin : telle est l'une des originalités du Tadorne de Belon qui, en outre, a un plumage très contrasté : blanc, noir et roux. Chez le mâle, le bec robuste, rouge vif, est surmonté d'une protubérance. Autre originalité : les jeunes sont regroupés en « crèches » sous la surveillance de quelques femelles.

Ces oiseaux sont inféodés aux côtes basses de sable ou de vase, ou ils trouvent le gîte et le couvert. En juillet-Août, période de mue, les tadornes perdent toutes leurs grandes plumes en même temps ; ils ne peuvent donc pas voler avant la repousse et se regroupent alors en grand nombre sur des bancs de sable isolés afin d'être en sécurité.

Le Tadorne de belon niche surtout le long des côtes de l'Europe du Nord. Visible toute l'année en France, il se reproduit sur quelques plages de la manche, du sud de la Bretagne, ainsi qu'en Vendée, Charente-Maritime et Camargue.

Nourriture : crustacés, vers marins, mollusques, matières végétales.

Nidification : nid garni de duvet, situé dans une cavité (terrier de lapin, de renard dans une dune, trou dans une digue...). Ponte en mai-juin de 8 à 14 œufs couvés un mois. Les jeunes quittent le nid dès l'éclosion et volent à l'âge de 2 mois.

Tadornes de Belon "broutant" la vase

Fuligule milouinan

Le Fuligule milouinan

(*Aythya marila*)
Longueur : 45 cm - Envergure : 70 cm - Poids : 800 à 1300 g

Ce fuligule est un gros canard plongeur que l'on rencontre en hiver sur le littoral. La femelle se distingue de celle du Fuligule morillon par une bande blanchâtre entourant la racine du bec.

Il préfère séjourner dans les estuaires, les baies et les côtes sablonneuses ou vaseuses, lieux ou il trouve mollusque et crustacés qu'il pêche en plongeant jusqu'à 7 mètres de profondeur.

Le milouinan se reproduit en Islande, en Norvège, et le long de la mer Baltique.

Il arrive en Europe de l'Ouest en octobre-novembre pour n'en repartir qu'en courant avril.

Nourriture : mollusques, crustacés, en été il se nourrit aussi de larves, insectes et algues.

Nidification : il niche au sol près de l'eau, dans les petites îles des lacs du Nord. Le nid est garni de plumes et de végétaux. 7 à 8 œufs gris-verdâtres sont pondus en juin et couvés un mois. Les poussins quittent le nid peu après l'éclosion, conduits sur l'eau par la femelle.

Le Garrot à œil d'or

(*Bucephala clangula*)
Longueur : 40 cm - Envergure : 70 cm - Poids : 900 g

Comme les fuligules ou les macreuses, le garrot est un canard plongeur. En quête de nourriture, il plonge jusqu'à 6 mètres de profondeur pendant plus de 30 secondes. Le dimorphisme sexuel est là encore très net : la femelle a la tête marron et le cou blanc, alors que le mâle arbore une livrée plus colorée, caractérisée par une tache blanche à la racine du bec.

Ce canard vit dans les forêts du nord de l'Europe sur¬ tout en Scandinavie, Pologne, nord de l'Allemagne, mais aussi en Ecosse. Il hiverne le long des côtes juste au Sud de sa zone de nidification. Si le froid devient intense, il descend plus au sud ; on peut alors l'observer en France sur la façade atlantique mais aussi sur les étangs de l'intérieur. Le retour se fait à partir de mi-février. Parfois, fin janvier, il est possible d'assister aux parades nuptiales : la femelle tend le cou au ras de l'eau, suivie d'un ou plusieurs mâles, le plumage gonflé, la tête rejetée en arrière, le bec dressé vers le ciel.

Nourriture : mollusques, crustacés, insectes, végétaux, graines.

Nidification : la femelle occupe un trou d'arbre ou un terrier qu'elle tapisse de duvet et d'herbes. Elle pond et couve 7 à 9 œufs vert-bleu. Les poussins quittent le nid au bout de 24 heures et rejoignent l'eau libre avec la femelle. Ils seront indépendants deux mois plus tard.

Garrot à œil d'or mâle

Macreuse noire

La Macreuse noire

(*Melanitta negra*)

Longueur : 45 cm - Envergure : 78 cm - Poids : 650 à 200 g

Les macreuses sont des canards marins. Deux espèces se rencontrent en France : la Macreuse noire et la Macreuse brune. Cette dernière se reconnaît à ses larges marques blanches sur les ailes. La Macreuse noire mâle est le seul canard entièrement noir. La femelle est plus petite, brune, avec les côtés de la tête et du cou gris clair.

Elle ne niche pas chez nous mais dans la toundra de Scandinavie et de Sibérie. Elle arrive en automne pour passer l'hiver sur les rivages de la Manche et de l'Atlantique. Généralement, la Macreuse noire reste à quelque distance du rivage, où les hauts fonds sont propices à ses plongées en quête de nourriture.

Nourriture : crustacés, mollusques, moules.

Nidification : dans la toundra, le nid est installé près de l'eau. Cinq à sept œufs sont pondus en juin, couvés par la femelle pendant quatre semaines. Les poussins volent à l'âge de sept semaines.

L'Eider à duvet

(*Somateria mollisima*)

Longueur : 50 à 60 cm - Envergure : 90 à 110 cm - Poids : 2 000 g

Le mâle d'Eider en plumage de noce est un véritable régal pour les yeux. Le noir des flancs et du sommet de la tête contraste avec le reste du corps blanc rehaussé de vert clair à la nuque : ce plumage allie la beauté a l'efficacité : il est en effet très chaud, c'est pourquoi on l'utilise encore pour les équipements de camping.

Eiders à duvet mâles et femelles et femelle avec ses petits

La femelle, brune et rousse, rayée de noir, est beaucoup plus discrète, ce qui lui permet de couver et d'élever ses jeunes sans attirer l'attention des prédateurs.

On reconnaît également ce gros canard marin à sa silhouette : corps trapu, tête triangulaire au front fuyant dans le prolongement du bec.

Il ne se reproduit plus en France mais près des côtes du nord de l'Europe (Irlande, Scandinavie, Ecosse, Danemark).

D'octobre à juin, il se déplace vers le sud le long des rivages plats. De naturel peu farouche, il est fréquent de le voir sur les côtes de la Manche, de Bretagne, de Vendée, de l'île de Ré, parfois même plus au sud.

Nourriture : mollusques, crustacés, poissons, déchets, algues.

Nidification : le nid est fait d'herbes, à même le sol et la femelle le garnit de son duvet ; quatre à six œufs sont pondus en mai-juin et couvés un mois par elle seule. Les jeunes volent à partir de deux mois.

Le Balbuzard pêcheur

(*Pandion haliaëtus*)
Longueur : 65 cm - Envergure : 170 cm - Poids : 1 500g

Un rapace parmi les oiseaux de mer et de rivage ! Voilà qui peut sembler étrange, pourtant le Balbuzard pêcheur est un prédateur qui ne se nourrit que de poissons, aussi vit-il le plus souvent près de la mer mais aussi le long des grands fleuves et des lacs.

Le spectacle de la pêche de ce magnifique oiseau noir et blanc est un plaisir rare pour l'ornithologue : planant quelques mètres au-dessus de l'eau, il repère sa proie, fait quelques instants du sur-place en battant vigoureusement des ailes puis plonge les serres en avant. Il ne disparaît que très rarement de la surface, rapidement, il décolle un poisson planté dans ses serres, s'ébroue en vol et enfin se pose pour déguster sa proie.

Comme beaucoup de rapaces, le Balbuzard est victime de l'homme : pollution (en particulier le DDT, interdit maintenant), chasse, dénichage, perturbation par les plaisanciers. Il était autrefois nicheur dans toute l'Europe. Actuellement, il maintient une population en Scandinavie, au nord de l'Allemagne, en Europe de l'Est, en Ecosse et au sud du Portugal.

En France, les derniers Balbuzards survivants en Corse n'étaient plus que trois couples en 1974. Grâce à l'action des ornithologues du Fonds d'Intervention pour les Rapaces et du parc naturel de Corse, des campagnes de surveillance des nids et d'information ont permis en 1979 de compter dix couples et quinze en 1987.

Cet oiseau est migrateur, aussi en automne, les populations nordiques passent-elles par l'Europe de l'Ouest et la Méditerranée pour gagner l'Afrique tropicale. Le mouvement inverse se produit au début du printemps. C'est surtout fin août et en septembre que l'on pourra l'observer en France continentale et sur les rivages aux eaux calmes.

Nourriture : poissons vivants (il prélève préférentiellement les malades).

Nidification : l'aire, (le nid chez les rapaces). faite de grosses branches est rechargée chaque année. La plate-forme est garnie de mousses, d'herbes et d'algues. Le nid se situe au sommet d'un arbre, sur un piton rocheux ou sur une corniche de falaise.

La ponte, de deux à trois œufs, a lieu fin mars en Corse, un à deux mois plus tard en Europe du Nord. À l'âge de deux mois, les jeunes prennent leur envol mais seront encore alimentés par leurs parents.

Le balbuzard peut se reproduire après sa troisième année.

Balbuzard pêcheur (en médaillon, photo Alain Legrand)

L'Huîtrier-pie

(*Haematopus ostralegus*)
Longueur : 36 cm - Envergure : 80 cm - Poids : 550 g

Mon premier souvenir d'Huîtrier-pie fut cette troupe immense en baie de l'Aiguillon, son vol tâchait le ciel alternativement de noir et de blanc.

On ne peut confondre l'Huîtrier-pie avec aucun autre oiseau tant il est typé... Son cri, un puissant sifflement sonore est aussi très caractéristique. Malgré son nom, il se nourrit surtout de mollusques bivalves autres que les huîtres. Il emploie 2 techniques pour les ouvrir : la première en les frappant du bec jusqu'à casser une valve, la seconde en insinuant son bec entre les coquilles pour les écarter.

En hiver, cet oiseau grégaire se rencontre partout le long des côtes de l'Atlantique. Il affectionne les littoraux plats, mais ne dédaigne pas non plus les criques rocheuses où il se nourrit de patelles et de crustacés. Ses lieux de reproduction se trouvent surtout dans le nord de l'Europe. En France, il niche le long des côtes de la Manche, en Bretagne, dans le bassin d'Arcachon et en Camargue. En 1984, 800 couples environ se reproduisaient en France.

Nourriture : moules, coques, vers marins et terrestres, patelles, crabes, insectes.

Nidification : le nid est une simple cuvette dans le sol garnie de matériaux divers. Il est situé en haut d'une plage, dans une friche, un champ, parfois loin de la mer. Ponte de 3 œufs en mai-juin. Les jeunes sont indépendants à l'âge de 5 semaines, un tiers mourra pendant la première année.

Hoîtrier-pie sur son nid;
Rassemblement hivernal d'huîtriers-pie
Huîtrier-pie

Le Gravelot à collier interrompu

(*Charadrius alexandrinus*)
Longueur : 15 cm - Envergure : 35 cm - Poids : 45 g

On distingue à peine le Gravelot à collier interrompu sur la plage, tant son plumage est discret. De plus, il fuit en courant à la moindre tentative d'approche.

Il revient en mars-avril de son hivernage africain et s'installe alors sur de grands bancs de sable ou de vase. Malgré une ponte précoce en avril-mai, il est victime d'un autre migrateur : le touriste. Effectivement, de nombreuses couvées sont détruites durant les premiers dimanches ensoleillés. La nature a pourtant bien fait les choses, les œufs couleur sable se confondent parfaitement avec l'environnement. Dès l'éclosion, les poussins quittent le nid et se nourrissent seuls, protégés par les parents qui, à la moindre alerte, poussent un cri d'alarme leur enjoignant de se plaquer au sol et de rester immobiles.

En France, 1 100 couples de Gravelot à collier interrompu se répartissent sur les plages du Nord, de la Manche, du Sud de la Bretagne, de Vendée et des Landes, ainsi qu'en Méditerranée (Camargue et Roussillon).

Nourriture : mollusques, vers, crustacés, petits insectes.

Nidification : le nid est à même le sol, dans le sable où les petits cailloux. Couvée de 3 œufs en avril-mai. Ponte de remplacement fréquente en juillet, mais à cette époque, les adultes peuvent être victimes de la chasse, ce qui provoque souvent la mort des jeunes.

Gravelot à collier interrompu

Le Grand gravelot

(*Charadrius hiaticula*)
Longueur : 18 cm - Envergure : 40 cm - Poids : 65 g

L'hiver, sur les côtes atlantiques ou de la Manche, on observe facilement le manège des Grands gravelots : tels des automates, ces petites boules de plumes courent rapidement sur quelques mètres, s'arrêtent, picorent ça et là quelques insectes et repartent de nouveau en trottinant.

Au vol, les barres alaires blanches le différencient du Petit gravelot.

C'est un oiseau de l'Atlantique nord ; en France, il niche en petit nombre (180 couples) dans le Finistère, les Côtes-du-Nord puis le long des côtes de la Manche. Il installe son nid en haut d'une plage, sur le sable, parmi les galets et les coquillages où les œufs sont difficiles à voir. Aussitôt après l'élevage des jeunes, fin juillet, les mouvements migratoires commencent. Les gravelots du Groenland et de Scandinavie convergent vers le littoral atlantique de la France à la Mauritanie.

Nourriture : insectes, crustacés, mollusques, quel¬ ques végétaux.

Nidification : la femelle dégage une cuvette dans le sable où sont pondus 4 œufs très mimétiques. L'incubation de 24 jours débute fin avril ou mai. Les jeunes, nidifuges, volent à 3 semaines. Une deuxième nichée est systématique. La mortalité des jeunes avant un an, atteint 50 %.

Grand gravelot simulant une blessure

Grand gravelot

Pluvier argenté en plumage nuptial

Pluvier argenté en plumage hivernal

Le Pluvier argenté

(*Pluvialis squatarola*}

Longueur : 27 cm - Envergure : 60 cm - Poids : 200 g

Plusieurs milliers de limicoles trapus sont rassemblés sur la vasière.

Ils se reposent sur une patte, la tête engoncée dans le corps. Au moindre danger, la troupe décolle, fait quelques évolutions et se repose. On aura pu voir brièvement le dessous du corps blanc et la tache noire axillaire. Ce sont des Pluviers argentés.

Hormis les deux mois d'été nécessaires à sa reproduction dans les terres arctiques, le Pluvier argenté voyage vers les rivages d'Europe où il passe l'hiver (environ 30 000 individus). Quelques-uns vont jusqu'aux deltas de la Méditerranée. La plupart gagnent l'Afrique Occidentale. En avril-mai, le mouvement migratoire attire les oiseaux de nouveau vers le Grand Nord. C'est à cette époque que l'on pourra parfois admirer la livrée nuptiale de l'adulte : le blanc du ventre et de la face est remplacé par une vaste tache noire.

En France, il est présent sur les vasières de l'Atlantique et de la Manche d'octobre à juin. Certains individus non nicheurs passent même l'été dans notre pays.

Nourriture : mollusques, vers, petits crustacés en hiver. L'été, graines, chenilles, coléoptères, mollusques d'eau douce.

Nidification : il s'installe à découvert dans la toundra. La ponte a lieu de mi-mai à juillet selon les régions. Les quatre œufs sont incubés 4 semaines. Les jeunes volent à un mois.

Le Tournepierre à collier

(*Arenaria interpres*)

Longueur : 20 cm - Envergure : 47 cm - Poids : 110g

Observons l'activité des tournepierres sur les rochers en ce matin frileux. Confiants, ils se laissent approcher comme s'ils étaient absorbés par leur perpétuelle quête de nourriture. Trottinant sur la grève, ils retournent les cailloux grâce à leur bec légèrement aplati, pour picorer les petits mollusques. Ils déplacent pareillement le varech.

Le tournepierre a une allure typique : assez trapu, de courtes pattes orangées, un petit bec pointu et surtout un dessin particulier de la tête, du cou et de la poitrine le dissimulant bien dans les rochers.

Ce migrateur, qui niche sur les côtes Scandinaves et danoises, hiverne sur le littoral atlantique jusqu'au sud de l'Afrique. En France, on le rencontre aisément de septembre à mai sur les côtes rocheuses. Il se fait plus rare en Méditerranée.

Nourriture : mollusques, insectes, crustacés, puces de mer, poissons morts.

Nidification : le nid est dissimulé entre les rochers, sous un buisson, parfois au sein d'une colonie de sternes qui lui assurent une protection contre les prédateurs. Le mâle et la femelle couvent les quatre œufs pondus en mai ou juin, pendant trois semaines.

Tournepierre à collier

La Barge rousse

(*Limosa lapponica*)
Longueur : 33 cm - Envergure : 66 cm - Poids : 300 g

La Barge rousse se distingue de la Barge à queue noire par une allure trapue due à ses pattes plus courtes, l'absence de barre allaire blanche, de noir à la queue, et son bec légèrement retroussé.

Le principal site d'hivernage est le banc d'Arguin en Mauritanie où plus de 500 000 oiseaux sont concentrés. Aux deux passages : octobre et mars, la Barge rousse s'arrête sur nos côtes. Certaines y resteront tout l'hiver (environ 6 000), préférant les estuaires et les vasières de l'Atlantique où elles peuvent, grâce à leur long bec, fouiller la vase à la recherche de vers marins. Elle est absente de Méditerranée.

Elle regagne le nord fin mai, parfois elle est obligée d'attendre le dégel de la toundra pour nicher. Les adultes revêtent alors leur plumage nuptial de couleur roux-marron très intense, expliquant son nom français.

Nourriture : essentiellement des vers marins, mais aussi des mollusques, des puces de mer et des insectes.

Nidification : le nid, placé dans une tourbière, est garni de lichens. La ponte de quatre œufs se produit en général début juin. Le mâle et la femelle assurent l'incubation de trois semaines. Les jeunes, une fois indépendants, migrent après les adultes et s'égarent parfois dans les terres.

Barge rousse en vol (plumage nuptial) et en plumage d'hiver

Le Bécasseau violet

(*Calidris manitima*}
Longueur : 20 cm - Envergure : 40 cm - Poids : 80g

Encore un habitant des toundras arctiques qui finalement passe les trois quarts de son temps sur les littoraux européens !

Il est le seul Bécasseau au plumage très sombre englobant la tête et le plastron. Son bec et ses pattes jaune-orangé tranchent sur cette couleur foncée.

Il faut le rechercher l'hiver sur les côtes rocheuses. Là, entre les rochers, les petites troupes de Bécasseaux violets attrapent sans cesse, à la limite des vagues, des petits mollusques, des crustacés ou des petits insectes. Par analogie, il fréquente facilement les digues des ports et les brise-lames. Peu farouche, c'est le bécasseau que l'on peut approcher le plus aisément.

Il se reproduit en Scandinavie, au Spitzberg, en Islande, au Groenland et au Canada. Dès le mois d'août, l'instinct migratoire le pousse vers le Sud. Il hiverne en grand nombre au sud de la Norvège et en Grande-Bretagne. Un contingent plus faible trouve refuge le long des côtes rocheuses de la Manche, de Bretagne, de la façade atlantique parfois jusqu'en Galice. Quelques égarés sont observés rarement en Méditerranée.

Nourriture : petits mollusques, crustacés en hiver. L'été, il élargit son régime en mangeant des végétaux et quelques baies.

Nidification : le nid est dissimulé dans la végétation rase et les cailloux de la toundra. Quatre œufs bruns, tâchés de rougeâtre sont pondus fin juin. Après une incubation de trois semaines, les jeunes seront élevés par le mâle.

Bécasseau violet

Bécasseau maubèche et, ci-dessous, bécasseaux maubèche et variables

Le Bécasseau maubèche

(*Calidris canutus*)
Longueur : 23 cm - Envergure : 50 cm - Poids : 130g

Ce gros bécasseau est un grand migrateur. Ceux qui nichent au Groenland gagnent l'Islande, l'Irlande, la France puis la côte africaine jusqu'au Cap. Ceux de Sibérie vont au Danemark, puis en Hollande où certains hivernent, les autres atteignent la France et enfin les côtes africaines.

Le Bécasseau maubèche ne se nourrit que sur les vasières juste découvertes à marée basse. Aussi, la baie de l'Aiguillon en Vendée est un excellent lieu pour observer les magnifiques vols de milliers de ces bécasseaux.

Leur activité est calquée sur le rythme des marées, occupés à pêcher sur la vasière, ils reculent petit à petit devant le flot. À marée haute, les groupes de bécasseaux se réunissent sur quelques reposoirs tranquilles ; dès le reflux, ils repartent se nourrir de jour comme de nuit.

Au printemps, son ventre se teinte de roux, prélude à la reproduction.

Nourriture : mollusques, crustacés, vers, insectes.

Nidification : il occupe les terres les plus nordiques de Sibérie, ce qui explique sa ponte tardive fin juin, parfois même en juillet. Les quatre œufs sont couvés trois semaines et les jeunes volent au bout de vingt jours.

Le Bécasseau sanderling

(*Colibris alba*)

Longueur : 17 cm - Envergure : 37 cm - Poids : 60 g

Bien que ne nichant pas en France, ce petit limicole se rencontre l'hiver sur les côtes sablonneuses.

Les petits groupes d'oiseaux font toujours le même manège : ils cherchent leur nourriture à la limite entre l'eau et le sable, si bien qu'ils avancent avec le ressac et reculent avec la vague suivante, comme s'ils ne voulaient pas se mouiller les pattes.

Ils courent également le long des grèves, comme des automates, si rapidement que l'on ne peut distinguer les pattes. D'un naturel peu farouche, ils se laissent approcher facilement, montrant le blanc de leur ventre et la tache noire au « poignet » de l'aile, caractère fiable pour les distinguer des autres bécasseaux. Quand le Bécasseau sanderling revêt son plumage nuptial, la face et la gorge se teintent de roux.

Il niche dans les toundras du nord de la Sibérie et surtout dans les terres arctiques du Canada et du Groenland. Ce migrateur quitte dès le mois d'août ces terres froides pour venir sur les côtes basses sablonneuses d'Europe et d'Afrique. Il repart en avril-mai.

En France, il hiverne sur les plages de la mer du Nord, de Bretagne, de l'Atlantique ainsi qu'en Méditerranée occidentale.

Nourriture : vers marins, insectes, puces de mer, poissons morts.

Nidification : le nid est une cuvette rudimentaire aménagée dans la toundra. Quatre œufs sont pondus fin juin, que la femelle couvera, relayée par le mâle, pendant vingt-quatre jours. Les jeunes volent à l'âge de trois semaines.

Bécasseaux sanderling

L'Avocette élégante

(*Recurvirostra avosetta*)

Longueur : 42 cm - Envergure : 73 cm - Poids : 300 g

Voilà un limicole facile à identifier. L'alternance de noir et de blanc du plumage, les longues pattes bleues et surtout le bec recourbé vers le haut en font un oiseau bien particulier.

En regardant l'Avocette se nourrir, on comprend vite pourquoi la nature l'a dotée d'un bec de cette forme. Marchant dans Peau, elle pivote autour de ses pattes, la tête inclinée, le bec à demi immergé, la partie terminale à l'horizontale, ainsi elle pêche les petits mollusques présents dans la vase.

L'Avocette se reproduit en de nombreux sites des littoraux européens : surtout en Hollande, au Danemark, en Allemagne et en France, mais aussi en Espagne, Italie et en Grèce.

En France, 1 500 couples se répartissent en deux pôles principaux : la Camargue et les marais vendéens, mais elle est présente également dans la Somme, la Loire-Atlantique et l'Hérault.

Les Avocettes du nord de l'Europe migrent vers les côtes atlantiques de la Belgique au Sénégal. Celles du bassin méditerranéen sont plutôt erratiques.

Nourriture : crustacés, insectes, mollusques, petits poissons.

Nidification : Elle niche en colonies situées sur des îlots de salines, d'étang ou de marais aux eaux saumâtres. Le nid est une simple dépression moulée dans la terre ou la vase durcie. Cette cuvette est garnie de débris trouvés sur place. La femelle pond trois ou quatre œufs couvés vingt-trois jours. Les jeunes, nidifuges, volent à six semaines.

L'avocette est inscrite sur la liste rouge des espèces menacées en France.

Avocette et nid d'avocette

Envol d'avocettes

Phalarope à bec large

Le Grand labbe

(*Stercorarius skua*)
Longueur : 60 cm - Envergure : 130cm

Le Grand labbe est le pirate des hautes mers. Il poursuit les goélands, les Fous de Bassan, les sternes, les obligeant à dégorger leur nourriture, parfois même, il les tue.

Sa silhouette est trapue, à queue courte. Le plumage est uniformément brun avec une tache claire au milieu de l'aile. Il vole nonchalamment, mais dès qu'une victime est repérée, il devient rapide et agile.

Le Grand labbe niche en Islande et dans les îles du nord de l'Ecosse. En-dehors de la période la reproduction, il gagne la haute mer dans l'Atlantique nord, où il continue à parasiter les oiseaux pélagiques.

En France, il est rare de l'apercevoir, parfois lors des tempêtes sur les côtes atlantiques. Par contre, il s'observe plus facilement si l'on prend un bateau pour gagner le large.

Nourriture : poissons, jeunes oiseaux parfois oiseaux marins adultes.

Nidification : le Grand labbe installe son nid sur la lande d'une île. Les deux œufs sont pondus en juin. Les jeunes s'envolent en août.

Le Phalarope à bec large

(*Phalaropus fulicarius*}
Longueur : 19 cm - Envergure : 37 cm - Poids : 60 g

Qu'il semble fragile, ce fin limicole flottant comme un bouchon au bord de la lagune en cette belle journée de septembre ! Il vient de si loin et bientôt il gagnera la haute mer pour y séjourner l'hiver.

Le Phalarope à bec large est un migrateur rare sur les côtes, la majeure partie de la population nordique va au large de l'Afrique sans passer devant nos rivages. Il faut de la chance pour l'apercevoir au passage fin août et en septembre sur le littoral atlantique. Il est exceptionnel de l'observer à son retour vers l'Arctique en mai-juin. Ainsi, en France, on ne voit pas son plumage nuptial fait de roux-marron, de gris et de blanc à la tête.

Fait rare chez les oiseaux, c'est le mâle qui couve et s'occupe des jeunes jusqu'à leur indépendance.

Il se reproduit en Islande, au Spitzberg et en Sibérie.

Nourriture : vers, mollusques, insectes, larves et en moindre quantité algues et végétaux.

Nidification : le mâle construit seul le nid, sur le haut d'une plage ou dans la toundra, qui est garni de végétaux et de plumes. Quatre œufs sont pondus en juin puis couvés par le mâle seul pendant dix-neuf jours. Les jeunes volent à l'âge de deux semaines et demi.

Grand Labbe

Goeland marin et son petit qui tape la tache rouge pour le faire régurgiter la nourriture

Goéland marin en vol

Goéland marin

Le Goéland marin

(*Larus marinus*)
Longueur : 70 cm - Envergure : 160cm - Poids : 2 000 g

C'est le plus grand et le plus majestueux des goélands de nos régions. Il profite de sa taille pour s'attaquer ou pour tuer les autres oiseaux marins et leur dérober leur nourriture. Il s'en prend également aux œufs et aux poussins, parfois aux lapins près des côtes. C'est un prédateur jouant un rôle dans l'équilibre écologique des rivages. Sa taille, son plumage (noir dessus, blanc dessous) et ses pattes rosées le distinguent nettement de ses cousins argentés et cendrés.

Il vit plutôt isolé, perché au sommet d'un îlot rocheux d'où il inspecte les alentours. On l'observe toute l'année sur les côtes, très rarement à l'intérieur des terres.

Le goéland marin se reproduit en Scandinavie, en Islande, en Grande-Bretagne. En France, il niche en Normandie et en Bretagne, mais il est fréquent sur toute la façade atlantique en hiver.

Nourriture : poissons morts, petits mammifères, oiseaux, œufs, déchets, insectes...

Nidification : le couple construit un volumineux nid d'algues, d'herbes et de petites branches sur le sol d'un îlot ou sur une falaise. Trois œufs sont pondus en avril-mai et couvés pendant quatre semaines. Les jeunes s'envolent à l'âge de deux mois.

Le Goéland argenté

(*Larus argentatus*}
Longueur : 60 cm - Envergure : 130 cm - Poids : 1 000 g

C'est l'oiseau de mer le plus fréquent en France, sa population est en constante augmentation.

Pourquoi cette prospérité ? le Goéland argenté est le type même de l'oiseau s'adaptant à l'homme. En effet, s'il se nourrit fréquemment de mollusques, de rongeurs, d'œufs et de poussins ; il sait aussi parfaitement tirer parti des activités humaines : il suit les chalutiers, les tracteurs labourant, mais surtout il exploite les décharges publiques. Par ailleurs, il n'est pas difficile quant au site de nidification : falaises, îlots rocheux, dunes, tourbières, marais, mais aussi, depuis peu, il occupe les édifices humains comme les cheminées ou les terrasses d'HLM...

Le Goéland argenté est fréquent dans tout l'Atlantique Nord. En France, il niche sur le littoral atlantique, du Pas-de-Calais à la Charente-Maritime.

L'hiver, il se répand le long des côtes et des fleuves, un peu à l'intérieur des terres.

Une sous-espèce à pattes jaunes, le Goéland leucophée se trouvait uniquement sur le littoral méditerranéen jusqu'en 1950. Lui aussi est en expansion : après avoir gagné la vallée du Rhône et le bassin de la Garonne, il a atteint le littoral atlantique dans les années 1975. Maintenant il remonte vers le Nord.

Nourriture : omnivore.

Nidification : le nid est une simple cuvette garnie d'herbes, de petits cailloux et de coquillages. En avril, trois œufs sont pondus et couvés pendant quatre semaines. Les jeunes volent à un mois et demi, mais mendient encore la nourriture auprès de leurs parents.

Goéland argenté

Goéland argenté volant un œuf de fou de Bassan

Goéland brun en vol

Le Goéland brun

(Larus fuscus)

Longueur : 53 cm - Envergure : 130cm - Poids : 900 g

Le Goéland brun a la même taille et la même allure que le Goéland argenté. On le reconnaît à la couleur presque noire de son dos et à ses pattes jaunes. En revanche, les jeunes des deux espèces sont indiscernables, ce sont les « grisards » que l'on voit souvent l'hiver en compagnie des adultes.

Le Goéland brun est quelque peu charognard et parasite ; on le voit souvent suivre les bateaux de pêche, fouiller les côtes à la recherche d'un cadavre, fréquenter les décharges publiques ou s'attaquer aux poussins d'autres oiseaux marins...

En France, il se reproduit sur les côtes de la Normandie et de Bretagne. Contrairement au Goéland argenté, il est plutôt migrateur et va passer l'hiver dans le sud de l'Espagne et en Afrique. Cependant, des individus des populations nordiques fréquentent nos côtes en hiver.

Nourriture : poissons, détritus, charognes, crustacés, mollusques.

Nidification : les colonies sont souvent mêlées à celles du goéland argenté ; fin avril et mai, trois œufs sont pondus, couvés pendant quatre semaines. À un mois, les jeunes prennent leur envol.

Goéland brun

Goeland marin et Goeland cendré (immatures)

Goéland cendré (en haut) et goéland d'Audouin (en bas

Le Goéland cendré

(*Larus canus*)
Longueur : 40 cm - Envergure : 110cm - Poids : 350 g à 400 g

Le Goéland cendré n'a pas l'allure majestueuse et agressive de ses cousins. On dirait plutôt une Mouette rieuse. Il s'en distingue néanmoins par un vol plus lent, par l'absence de blanc sur la partie antérieure de l'aile, à l'extrémité noire tâchée de blanc. Les pattes et le bec du Goéland cendré sont verdâtres. Malgré sa faible stature, il parasite d'autres oiseaux, n'hésitant pas à attaquer les autres Mouettes rieuses pour leur voler leur provende. Du fait de son régime varié, le Goéland cendré se rencontre aussi bien sur les côtes qu'à l'intérieur des terres, près des eaux douées. Il suit parfois les tracteurs comme les Mouettes rieuses.

C 'est un visiteur abondant en Grande-Bretagne où l'on appelle le goéland commun. Chez nous, il reste un visiteur peu fréquent. La plupart des Goélands cendrés observés l'été ne nichent pas en France.

Nourriture : il est omnivore : poissons morts, végétaux, insectes, crustacés, mollusques, œufs...

Nidification : il se reproduit en colonie dans les marais et sur les côtes basses à courte végétation d'Europe du Nord. Trois œufs sont pondus en mai et couvés pendant un mois. Les jeunes volent à l'âge de cinq semaines.

Le Goéland d'Audouin

(*Larus audouinii*)
Longueur : 55 cm - Envergure : 125 cm - Poids : 800 g

On ne voit pas fréquemment cet oiseau sur nos côtes. C'est en effet le goéland le plus rare au monde avec 4 000 couples. Il se reproduit sur la côte méditerranéenne espagnole, en Corse sur quelques îlots rocheux (environ 100 couples), en mer Egée et sur la côte tunisienne.

Il est pourtant très élégant avec son bec effilé rouge foncé, sa tête blanche et ses ailes grises, noires à l'extrémité.

En raison de sa rareté, le mode de vie du Goéland d'Audouin est mal connu. En période de reproduction, il fréquente les côtes rocheuses. L'hiver, il se disperse le long des côtes méditerranéennes : sud de la France, delta de l'Ebre, Afrique du Nord.

Précisons qu'il est souvent victime du développement touristique en Méditerranée.

Nourriture : poissons vivants.

Nidification : de petites colonies se constituent sur des îlots rocheux plats. Le nid est composé d'algues sèches. La femelle pond en mai. L'élevage des jeunes dure cinq à six semaines. L'envol a lieu mi-juillet, la colonie est abandonnée en août.

Goéland railleur

Le Goéland railleur

(Larus genei)

Longueur : 40 cm - Envergure : 110 cm - Poids : 400 g

Cet oiseau typiquement méditerranéen passe facilement inaperçu. Il est en effet rare sur les côtes du sud de la France. Il faut l'observer attentivement pour ne pas le confondre avec la Mouette rieuse : il est plus grand, en plumage nuptial, le dessous du corps est teinté de rosé et il n'a pas la tête marron de sa cousine.

Le Goéland railleur vit sur les côtes basses sablonneuses et les vasières, fréquentant pour se reproduire les îlots couverts de végétation. C'est un goéland qui ne parasite pas les autres oiseaux. Il pêche en nageant ou en plongeant comme une sterne.

En France, il niche en petites colonies en Camargue ; en Espagne, dans le delta de l'Ebre, à l'embouchure du Guadalquivir. En automne, on peut l'apercevoir le long des côtes méditerranéennes.

Nourriture : essentiellement des poissons vivants.

Nidification : le nid est construit au sol avec divers matériaux trouvés sur place ; l'intérieur est tapissé d'herbes sèches et de plumes. Trois œufs sont pondus en mai-juin. Les jeunes quittent le nid avant de savoir voler.

Goélands railleurs en vol

Mouette tridactyle devant ses œufs

La Mouette tridactyle

(*Rissa tridactyla*)

Longueur : 40 cm - Envergure : 1 m - Poids :400g

En mars, la falaise abrupte dominant l'océan s'anime de cris perçants et saccadés : les Mouettes tridactyles sont arrivés ! Contrairement aux Mouettes rieuses, les tridactyles ont passé l'hiver en mer suivant les chalutiers. Très agiles, elles pêchent de petits poissons en surface. Lorsqu'elles ont besoin de repos, elles se posent sur l'eau.

On reconnaît la Mouette tridactyle à son bec jaune et à ses pattes noires. Son plumage est blanc et gris, les ailes sont terminées de noir sans tâche blanche. Les jeunes ont la queue barrée de noir ainsi qu 'une bande foncée en zigzag sur l'aile.

Quel spectacle que d'observer la colonie bruyante ! Les oiseaux vont et viennent, généralement en groupes pour aller chercher leur nourriture ou des matériaux afin de construire le nid.

Dès septembre, elles reprennent la mer, se dispersant dans l'Atlantique Nord jusqu'au Groenland. Parfois elles redescendent vers le golfe de Gascogne et la Méditerranée.

En France, l'espèce se reproduit en Bretagne et localement en Vendée.

Nourriture : petits poissons, crustacés, plancton, mollusques, débris végétaux.

Nidification : sur des corniches étroites de falaises verticales, le nid est formé de terre, d'herbes et d'algues. Les déjections et la terre constituent un nid résistant, capable de tenir même sur les petites plates-formes rocheuses. La ponte a lieu en mai-juin ; les deux œufs sont couvés par les deux parents. À l'âge d'un mois et demi, les jeunes prendront leur envol.

La Mouette rieuse

(*Larus Ridibundus*)

Longueur : 35 cm – Envergure : 90 cm – Poids : 270 g

Qui ne connaît pas la Mouette rieuse ! Ses cris évoquent aussitôt la mer, un port de pêche aux chalutiers multicolores. Mais en fait, la connaît-on bien ? Savez-vous qu'elle niche surtout dans les marais, les lacs, les zones marécageuses de l'intérieur du pays ? C'est elle aussi qu'on observe souvent en grandes troupes, suivant les tracteurs, attrapant les lombrics et les larves déterrées par le soc de la charrue.

Mouettes tridactyles au nid

Mouette rieuse en plumage nuptial

Son plumage change selon la saison, de mars à juillet sa tête est marron-chocolat, l'hiver, il ne reste qu'une tâche noirâtre en arrière de l'œil. Les jeunes, mêlés aux adultes, se reconnaissent aux tâches brunes sur les ailes et à la queue terminée de noir.

Comme le Goéland argenté, elle s'adapte à l'homme et s'alimente souvent à ses dépens, ce qui explique l'augmentation de ses effectifs. En France, elle niche dans la plupart des régions d'étang : Sologne, Brière. Dombes. Brenne. On la trouve aussi en baie de Somme et en Camargue.

L'hiver elle ne migre pas, mais se disperse sur son aire de répartition en fonction des ressources alimentaires. À cette époque, les mouettes de Scandinavie viennent en Europe de l'Ouest.

Nourriture : insectes, vers. détritus, mollusques.

Nidification : les colonies sont situées dans la végétation des marais, le nid est un amas de branches et d'herbes sèches. En avril ou mai, trois œufs sont pondus, couvés pendant trois semaines et demie Les jeunes sont nidifuges et volent à un mois et demi.

Mouette rieuse en plumage d'hiver mangeant une petite plie. En médaillon plumage nuptial

La Mouette pygmée

(Larus minutus)

Longueur : 28 cm - Envergure : 70 cm - Poids : 120g

Elle est la plus petite des mouettes. On la distingue de la Mouette rieuse par ses ailes arrondies aux extrémités et noirâtres dessous. Son vol rappelle celui de la guifette, elle papillonne souplement au ras de l'eau picorant habilement à la surface. Parfois, tout en volant, elle paraît marcher sur l'eau.

Elle se reproduit en petites colonies en Finlande, en Russie ainsi qu'au Danemark et en Hollande. L'hiver, elle longe les littoraux de Grande-Bretagne, de Belgique et de France. La Mouette pygmée est plus rare dans le bassin méditerranéen.

Nourriture : insectes, mollusques, petits poissons, vers, crustacés.

Nidification : les colonies sont situées dans des marécages bordant des lacs ou des estuaires. La Mouette pygmée s'associe aux Guifettes noires et aux Mouettes rieuses. Son nid est placé sur la végétation palustre, parfois il flotte comme un radeau. Trois œufs sont pondus tin juin et incubés trois semaines. Les jeunes volent à trois semaines.

Mouette pygmée adulte en plumage nuptial

Ci-dessous : Mouette pygmée en plumage d'hiver

Colonie de reproduction de sternes caugeck

Sterne caugeck (ci-dessus) et pierregarin (ci-dessous)

La Sterne caugeck

(*Sterna sandvicensis*)
Longueur : 42 cm - Envergure : 87 cm - Poids : 250 g

Cette grande sterne, pratiquement de la taille d'une Mouette rieuse, se distingue de ses proches cousines par son bec noir à pointe jaune, et sa calotte noire dont les plumes, souvent hérissées, forment une huppe.

En avril, elle revient sur ses lieux de reproduction toujours situés au bord de la mer. Ce sont les côtes basses, de sable ou de cailloux qui ont la préférence de cet oiseau grégaire. Quand la tranquillité lui est assurée, les colonies peuvent compter plusieurs milliers de couples. C'est le cas dans la réserve du banc d'Arguin, sur le bassin d'Arcachon, où il est facile de les observer et d'entendre leurs cris puissants et grinçants, ou encore d'assister à leurs plongeons spectaculaires.

En France, elle se reproduit en Bretagne, dans le bassin d'Arcachon et en Camargue. Lors des migrations, on l'observe sur tout le littoral de notre pays. Elle hiverne en Afrique.

Nourriture : poissons, mollusques, vers...

Nidification : le nid est une coupe creusée dans le sable, tapissée de quelques végétaux. Deux œufs sont pondus en mai, couvés trois semaines. Peu à peu, les jeunes sont regroupés en « crèches » dans la colonie jusqu'à ce qu'ils puissent voler à l'âge de cinq semaines.

La Sterne pierregarin

(*Sterna hirundo*)
Longueur : 35 cm - Envergure : 75 cm - Poids : 150 g

Depuis quelques jours, dans la lagune, une « mouette » étrange effectue de magnifiques plongeons pour capturer des poissons. La voilà maintenant posée au sol : observons-là, elle est courte sur patte, le noir de la tête ne forme qu'une calotte, le bec est pointu terminé de noir. C'est bien sûr une Sterne pierregarin, au vol souple et gracieux.

Elle vient en Europe au mois d'avril, pour se reproduire. Elle aime les rivages plutôt plats, les golfes, les marais côtiers mais aussi les grands cours d'eau, où elle trouve des bancs de sable et de galets propices à l'établissement d'une colonie. Ainsi en France, elle niche principalement en Bretagne et en Camargue. Dès la fin de l'été, la Sterne pierregarin descend le long des côtes

de l'Europe vers le sud, puis passe l'hiver sur les rivages atlantiques de l'Afrique.

Nourriture : petits poissons vivants.

Nidification : le nid, très sommaire, se trouve sur le haut d'une plage, dans des galets, de l'herbe rase, ou dans les roseaux d'un marécage.

En mai, elle pond trois à quatre œufs. Les poussins sont nidifigues et ils volent à l'âge d'un mois. Ils sont nourris par leurs parents jusqu'en août.

Sternes naines en vol et mâle offrant un petit poisson à la femelle

La Sterne naine

(*Sterna albifrons*)
Longueur : 22 cm - Envergure : 50 cm - Poids : 50g

Cinquante grammes ! Un vrai « poids plume ». Outre sa taille, c'est au bec jaune à pointe noire et au front blanc précédant la calotte noire qu'elle se distingue des autres sternes.

En mai. le mâle après maintes acrobaties aériennes, offre un poisson à sa compagne. Bientôt la femelle va pondre et il faut trouver un endroit favorable pour le nid. C'est sur une plage de sable ou de galets, au bord de la mer ou sur les rives de grands fleuves que le site sera choisi, à l'abri de l'eau. Dès la naissance des poussins, les adultes de la petite colonie doivent pêcher sans relâche pour nourrir leur progéniture affamée. En juillet, la migration reprend et la petite sterne va errer le long du littoral atlantique pour gagner son lieu d'hivernage en Afrique.

En France, la Sterne naine est rare : quelques couples se reproduisent en Bretagne, sur la Loire, où elle est menacée par l'aménagement du fleuve, et sur quelques sites favorables du littoral méditerranéen.

Nourriture : petits poissons, mollusques, crustacés, insectes.

Nidification : nid sommaire creusé dans le sol par la femelle, tapissé d'herbes et de coquillages. Fin mai, deux œufs sont pondus et incubés pendant trois semaines. Les jeunes sont indépendants à l'âge d'un mois.

Sternes arctiques au nid, puis offrande de nourriture

La Sterne arctique

(*Stema paradisaea*)
Longueur : 40 cm - Envergure : 75 cm - Poids : 100g

Il paraît incroyable qu'un être aussi frêle (100 g) puisse être un si grand voyageur ! En effet, certains individus nichent près du pôle et hivernent dans l'Antarctique, soit à près de 18000km.

La Sterne arctique est abondante dans le nord de l'Europe. En France, quelques couples se reproduisent en Bretagne parmi les Sternes pierregarin. Elles se ressemblent beaucoup d'ailleurs, et il faut un œil exercé pour apprécier l'aspect translucide des ailes et distinguer le bec rouge vif sans pointe noire, ainsi que les pattes très courtes quand elle est posée.

Ses mœurs sont assez semblables à celles de la pierregarin.

Nourriture : poissons, crevettes, mollusques.

Nidification : en mai-juin, elle pond deux œufs, couvés trois semaines. Les jeunes volent à l'âge de trois semaines.

Le Guillemot de Troïl

(*Uria aalge*)

Longueur : 40 cm - Envergure : 66 cm - Poids : 700 à 1 200 g

Revêtu de son habit de gala, le Guillemet de Troïl est un oiseau bien élégant : tête, corps et queue brun-chocolat, dessous blanc finement rayé aux flancs, cou bien visible et bec effilé.

Guillemot à miroir

Certains individus, par mutation génétique ont l'œil cerclé de blanc.

Les Guillemets de Troïl sont des oiseaux pélagiques, ils reviennent à terre d'avril à fin juillet afin de perpétuer l'espèce. Là, perchés sur de petites corniches rocheuses, associés parfois au Pingouin torda, ils se rassemblent en immenses colonies de plusieurs milliers d'individus. Ces sites sont facilement repérables en raison du guano blanc recouvrant les rochers et aussi du vacarme produit par les oiseaux. Le Guillemet du Troïl est en constante activité. S'il ne se querelle pas avec ses voisins, il fait des va-et-vient rapides de la mer à la colonie, revenant chaque fois avec un poisson dans le bec.

Guillemots de Troïl en solitaire, forme bridée en vol, puis en colonie

Pingouins torda

Parfois visible l'hiver le long des côtes de l'Atlantique, le Guillemet de Troïl a bien du mal à maintenir ses populations en Bretagne tant il a été victime des pollutions successives ayant « endeuillées » les côtes bretonnes.

Nourriture : poissons vivants.

Nidification : un œuf posé à même le sol sur une petite plate-forme d'une falaise. Ponte de fin mai à juin. L'œuf est piriforme, ce qui atténue le risque de chute. Les jeunes, précoces, quittent la falaise à l'âge de deux à trois semaines. Ils sont encore nourris par les adultes jusqu'à la fin août.

Pingouin torda en vol

Le Pingouin torda

(Alca torda)

Longueur : 40 cm - Envergure : 65 cm - Poids : 550 g à 900 g

On l'appelle aussi petit pingouin, mais on ne peut guère le confondre avec le manchot qui est beaucoup plus gros et qui vit dans l'Antarctique. Une autre espèce, le Grand pingouin, vivait autrefois en Irlande et à Terre-Neuve ; hélas au XIXe siècle l'homme perpétra de tels massacres que cet oiseau disparut de la surface du globe. Notre Pingouin torda n'en est pas là certes, mais les pollutions marines le menacent gravement en Bretagne.

C'est un oiseau pélagique, qui arrive sur les sites de nidification en février. Ses colonies situées le long des falaises abruptes sont souvent associées à celles des Guillemots de Troïl. Le Pingouin torda se nourrit de poissons qu'il capture parfois à plus de 8 mètres de profondeur, en plongeant pendant une trentaine de secondes.

Commune dans le nord-ouest de l'Europe, l'espèce essaie de maintenir quelques rares colonies en Bretagne. L'hiver, les pingouins de l'Atlantique Nord descendent le long des côtes atlantiques, où il est fréquent de les observer.

Nourriture : poissons vivants, mollusques et crustacés.

Nidification : l'œuf unique, piriforme, est déposé en mai, à même la roche, dans un trou, une corniche, en général à mi-hauteur d'une haute falaise côtière. Le jeune, à l'âge de trois semaines se jette dans le vide pour gagner l'eau. Il sera totalement indépendant fin juillet.

Pingouin torda

Macareaux moine

Le Macareux moine

(*Fratercula artica*)
Longueur : 30 cm - Envergure : 60 cm - Poids : 400 g

Il mérite bien son surnom de perroquet de mer, avec son étonnant bec triangulaire richement coloré de rouge, de jaune et de bleu.

Lorsqu'il marche en se dandinant sur ses pattes rouge vif, arborant un bel habit contrasté, son allure quelque peu comique lui a valu d'être surnommé aussi « clown de mer ». Il est vraiment sympathique ce macareux, et c'est un régal d'observer les adultes revenant de la pêche le bec plein de petits poissons, entrant hâtivement dans le terrier pour nourrir leur unique poussin.

C'est en mars qu'il revient à terre pour se reproduire ; là, il explore les terriers de lapins situés au sommet herbu d'une falaise, pour y installer son nid. Il lui arrive aussi de creuser son propre terrier, qui s'enfonce obliquement à 1 ou 2 métrés sous terre. En août, la colonie sera désertée , les oiseaux repartant alors en haute mer pour passer l'hiver.

Le Macareux moine est un nicheur commun sur les côtes rocheuses du nord de l'Europe. En France, il atteint la limite sud de son aire de répartition. Comme ses cousins guillemot et pingouin, il souffre beaucoup de la pollution marine.

Nourriture : petits poissons, mollusques, vers, crustacés.

Nidification : un seul œuf est pondu en mai à même le sol de la galerie, couvé pendant un mois et demi. Âgé de six semaines, le jeune est abandonné au fond du nid. Poussé par la faim, il sortira du terrier au bout de quelques jours et rejoindra où il apprendra à survivre seul.

Pipit maritime

Le Pipit maritime

(*Anthus spinoletta petrosus*)
Longueur : 16 cm - Envergure : 28 cm - Poids : 25 g

Sur la grève encombrée de rochers, de galets et de varech, un petit oiseau, sautille au ras des vagues. Nerveusement, il fouille le goémon à la recherche d'insectes qu'il capture promptement. Ce petit passereau, assez terne, passe facilement inaperçu ; en fait, deux groupes de Pipits, le maritime et le montagnard, constituent une espèce : le Pipit spioncelle. Par un caprice de révolution, lors des glaciations du quaternaire, le spioncelle s'est trouvé séparé en deux populations, une vivant en montagne (Pyrénées, Massif Central, Alpes), l'autre restant sur les cotes rocheuses de Bretagne essentiellement.

Après la période de nidification, les Pipits maritimes se dispersent le long des côtes. Ceux qui nichent en Scandinavie viennent en nombre hiverner sur nos côtes.

Nourriture : insectes, petits mollusques, crustacés, graines, débris divers.

Nidification : le nid, fait d'herbes sèches, est à terre dans un trou de rocher ou dans de la végétation dense. Quatre ou cinq œufs sont pondus au printemps, couvés pendant deux semaines. Les jeunes quittent le nid à l'âge de quatre semaines. Il y a deux pontes chaque année.

Le Grand corbeau

(*Corvus corax*)
Longueur : 60cm - Envergure : 125cm - Poids : 1 000g

Pourquoi classer le Grand corbeau parmi les oiseaux de mer ? En France, il existe deux populations bien distinctes : une population vivant en montagne et l'autre trouvant refuge dans les falaises côtières de Bretagne et de Normandie.

Ce passereau, gros comme une Buse variable, est sédentaire ; aussi peut-on le voir tout au long de l'année explorer le rivage à la recherche de cadavres de poissons rejetés par la mer.

Malgré sa taille, le Grand corbeau est un véritable acrobate, il effectue des loopings, des piqués, des demi-tours sans autre but apparent que le plaisir déjouer dans les airs.

Cet oiseau était autrefois présent dans de nombreuses régions de France. Actuellement, victime des persécutions humaines, il ne vit plus que dans des milieux sauvages et inhospitaliers. Sa distribution s'étale sur toute l'Europe.

Nourriture : poissons morts, déchets, petits mammifères, oiseaux, batraciens, œufs...

Nidification : le nid est placé sur une corniche rocheuse le long d'une falaise. Il est constitué de branchages, l'intérieur étant tapissé de plumes et de laine de moutons. Quatre à six œufs sont pondus en général fin février et sont couvés pendant trois semaines. Les jeunes restent au nid un mois et demi, seuls deux ou trois parviendront à l'âge adulte.

Grand corbeau

GLOSSAIRE :

AIRE : nom donné au nid des rapaces.
AIRE GEOGRAPHIQUE ou AIRE DE DISTRIBUTION : zone géographique à l'intérieur de laquelle se reproduit une espèce.
ALARME : réaction d'un oiseau face à un danger par des cris, une attitude de diversion.
AXILLAIRE : partie du corps de l'oiseau sous l'aile, au niveau de l'aisselle.
BIOTOPE : milieu naturel caractéristique d'une espèce d'oiseau pour s'y reproduire ou pour y hiverner. Par exemple, le Bécasseau sanderling occupe un biotope de toundra arctique pour nicher et un biotope de plages sableuses pour hiverner.
CALOTTE : sommet de la tête, parfois colorée différemment comme chez les sternes.
COLONIE : regroupement d'oiseaux d'une même espèce en un même lieu pour nicher, les Fous de Bassans par exemple.
CRÈCHE : rassemblement des jeunes issus de parents différents mais de même espèce. Voir les Flamants rosés.
DETERMINATION : identification précise d'une espèce, voire du sexe et de l'âge de l'individu. Cela est possible grâce au plumage, à la voix, au comportement, au biotope fréquenté.
DIMORPHISME SEXUEL : se dit d'oiseaux dont mâle et femelle ont des plumages très différents, comme les canards.
DORTOIR : lieu de regroupement nocturne, en général l'hiver. Par exemple le Grand cormoran.
EQUILIBRE BIOLOGIQUE ou EQUILIBRE ECOLOGIQUE : loi selon laquelle les différentes espèces animales et végétales vivent les unes au dépens des autres sans se détruire.
ERRATIQUE : se dit d'oiseaux qui vagabondent sans lieux ni trajets précis, en dehors de la saison de reproduction.
ESPECE : groupe d'oiseaux qui se reproduisent entre eux et ont en commun des caractères héréditaires. Le nom scientifique d'un oiseau se compose de deux noms latins, le premier est celui du genre, le deuxième de l'espèce. Par exemple : Sterne naine, *Sterna albifrons*.
GREGAIRE : se dit d'oiseaux ayant tendance à vivre en groupe comme les Mouettes tridactyles.
HIVERNANT : espèce qui ne vient chez nous que pendant tout ou une partie de l'hiver, le Garrot à œil d'or par exemple.
INCUBATION : couvaison.
LIMICOLE : représente le groupe des petits échassiers qui vivent sur les vasières.
LITTORALE (ESPECE) : oiseau qui se reproduit et vit au bord de la mer comme le Cormoran huppé.
LIVREE : plumage. Se dit souvent pour le plumage nuptial.
MIGRATION : déplacement d'oiseaux allant de leur biotope de nidification vers leur biotope d'hivernage (migration post-nuptiale), et inversement de leur site d'hivernage vers celui de la reproduction (migration pré-nuptiale).
MIROIR : tache colorée visible sur l'aile des canards permettant leur identification.
NIDIFUGE : se dit d'oiseaux dont les poussins quittent le nid dès l'éclosion. Le garrot par exemple.
NUPTIAL (PLUMAGE) : plumage que revêt l'oiseau au moment de sa reproduction.
PALUSTRE : qui a trait au marais ou au marécage.
PARADE : manifestations particulières du couple, préparation à l'accouplement.
PELAGIQUE : oiseau vivant en haute mer, n'allant à terre que pour se reproduire comme la Mouette tridactyle.
PLASTRON : zone colorée entre le bas du cou et la poitrine.
POIGNET : articulation entre l'avant-bras et la « main » chez les oiseaux. Certaines espèces ont des taches à cet endroit. Voir le Bécasseau sanderling.
PONTE DE REMPLACEMENT : nouvelle ponte pour remplacer la précédente détruite.
PREDATEUR : oiseau se nourrissant d'autres êtres vivants. Le Grand labbe par exemple.
SEDENTAIRE : se dit d'une espèce d'oiseau dont les aires géographiques de reproduction et d'hivernage se superposent.
SERRES : griffes des rapaces.

Index

 Ce livre a été imprimé et façonné par Pollina SA à Luçon - n° L80366
Imprimé en France